Premium
NUDE POSEBOOK
典藏裸體姿勢集

模特兒｜木下ひまり

攝影｜田村浩章

譯｜何姵儀

CONTENTS

Instruction
004

Standing Pose
005

Kneeling & Sitting Pose
027

Lying Pose
057

with Chair & Sofa
079

Low Angle Shots
105

Erotic Pose
125

MODEL.

木下ひまり

Kinoshita Himari

出生年月日：1996年5月21日

身高：169cm

三圍：B88cm（D）／W60cm／H85cm

前 言

女性的胴體真是千嬌百媚、娉婷婀娜！長久以來一直被知名藝術家作為作品題材的女性肉體，根本就是激發無限想像的美麗與創造泉源。手正拿著這本姿勢集的你，不也是被女性胴體的美所吸引的其中一個畫家嗎？

本書收錄了裸體模特兒盡其所能所擺出的各種姿勢，並從不同的角度來拍攝，好讓讀者在尋找人物素描資料時能大大地派上用場。除了站、坐、躺等人物畫的基本姿勢，書中亦收錄了不少性感動作，讓女性獨有的柔和豐腴曲線一覽無遺。此外，本書還採用了大開本來進行照片排版，讓大家在將其當作素描資料利用時，可以更加容易觀察模特兒的姿勢變化。

不論是擅長裸體素描的中高階繪者，還是初次挑戰人物畫的新手，一定都能從本書中找到想要提筆試畫的動作。那麼，大家趕緊打開素描本，試著把喜歡的姿勢畫下來吧！

Chapter 01

Standing Pose

人體素描的基本動作——站姿。
讓我們一邊留意身體軀幹方向及重心位置，
一邊試著加以描繪吧。

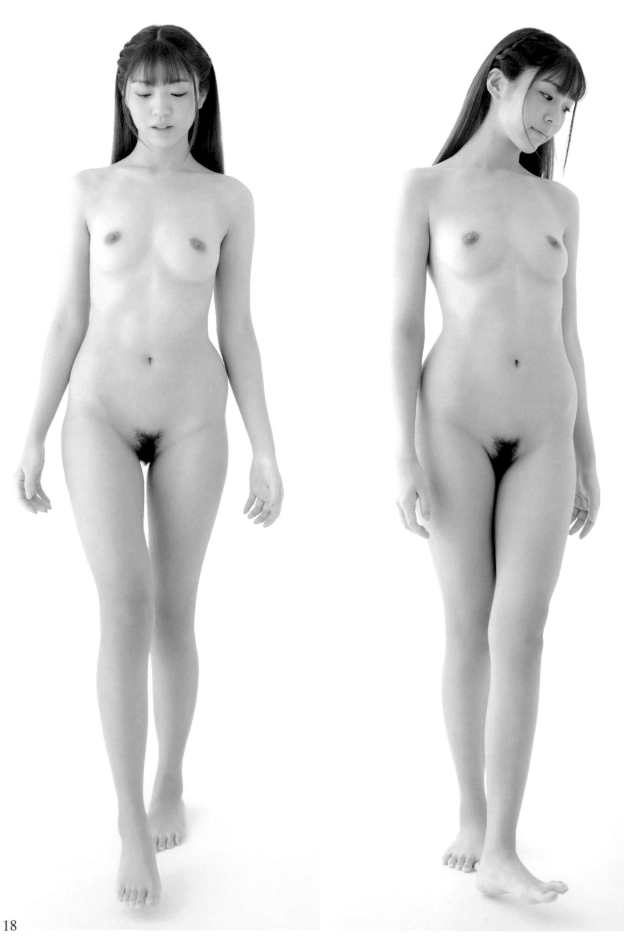

18

23

Chapter

02

Kneeling
&
Sitting Pose

充滿女人味、曲線畢露的坐姿。
讓我們一邊仔細觀察落在地板的陰影，
一邊試著加以描繪吧。

Chapter

03
Lying Pose

躺下時重力平衡會產生變化，
臉型、乳房與臀部的形狀也會產生不同變化。

Chapter
04
with
Chair
&Sofa

將高度及造型各異的椅子當作道具，
將身體靠上去與其互動，
擺出千變萬化的撩人姿勢。

Premium
NUDE
POSE
BOOK

Chapter
05

Low Angle
Shots

化身為渺小的螞蟻，
宛如從人物正下方仰望的視角，
形成具震撼力又有趣的構圖。

Premium
NUDE
POSE
BOOK

Chapter

06
Erotic Pose

集結了各種令人屏息的性感姿勢，
就讓如同伴隨愛人般的親密情意驅使畫筆在紙上飛舞吧。

謝謝大家翻閱
我的第一本姿勢集♪
鏡頭下的我擺出了各種姿勢，
展現了不同風貌，是一部令人滿意作品(*´ω`*)
今後大家也要繼續支持 木下ひまり 喔★

Himari ♡ 木下ひまり

日文版 STAFF
妝髮＆造型：いさこ
封面／內文設計／加工：合同会社 MSK
模特兒經紀公司：ACT ENTERTAINMENT
小道具協助：EASE RENTAL

典藏裸體姿勢集 木下ひまり

2023 年 3 月 1 日初版第一刷發行

攝　　　影	田村浩章
譯　　　者	何姵儀
主　　　編	陳其衍
發　行　人	若森稔雄
發　行　所	台灣東販股份有限公司
	＜地址＞台北市南京東路 4 段 130 號 2F-1
	＜電話＞(02)2577-8878
	＜傳真＞(02)2577-8896
	＜網址＞http://www.tohan.com.tw
郵撥帳號	1405049-4
法律顧問	蕭雄淋律師
總　經　銷	聯合發行股份有限公司
	＜電話＞(02)2917-8022

PREMIUM NUDE POSE BOOK KINOSHITA HIMARI
© HIROAKI TAMURA 2022
Originally published in Japan in 2022 by
GOT Corporation,TOKYO.
Traditional Chinese translation rights arranged with
GOT Corporation ,TOKYO,
through TOHAN CORPORATION, TOKYO.

國家圖書館出版品預行編目 (CIP) 資料

典藏裸體姿勢集 木下ひまり／田村浩章攝影；何姵儀
譯. -- 初版. -- 臺北市：臺灣東販, 2023.03
144 面；18.2×25.7 公分
ISBN 978-626-329-667-1（平裝）

1.CST：人體畫 2.CST：裸體 3.CST：繪畫技法

947.23   112000363